BEI GRIN MACHT SICH IHR WISSEN BEZAHLT

- Wir veröffentlichen Ihre Hausarbeit,
  Bachelor- und Masterarbeit

- Ihr eigenes eBook und Buch -
  weltweit in allen wichtigen Shops

- Verdienen Sie an jedem Verkauf

Jetzt bei www.GRIN.com hochladen und kostenlos publizieren

Antje Ruthert

Symbolischer Interaktionismus (G. H. Mead): ein kurzer Überblick

GRIN Verlag

Bibliografische Information der Deutschen Nationalbibliothek:

Die Deutsche Bibliothek verzeichnet diese Publikation in der Deutschen National-
bibliografie; detaillierte bibliografische Daten sind im Internet über http://dnb.d-
nb.de/ abrufbar.

Impressum:

Copyright © 2005 GRIN Verlag GmbH
Druck und Bindung: Books on Demand GmbH, Norderstedt Germany
ISBN: 978-3-638-93332-2

Dieses Buch bei GRIN:

http://www.grin.com/de/e-book/40650/symbolischer-interaktionismus-g-h-mead-
ein-kurzer-ueberblick

GRIN - Your knowledge has value

Der GRIN Verlag publiziert seit 1998 wissenschaftliche Arbeiten von Studenten, Hochschullehrern und anderen Akademikern als eBook und gedrucktes Buch. Die Verlagswebsite www.grin.com ist die ideale Plattform zur Veröffentlichung von Hausarbeiten, Abschlussarbeiten, wissenschaftlichen Aufsätzen, Dissertationen und Fachbüchern.

Besuchen Sie uns im Internet:

http://www.grin.com/

http://www.facebook.com/grincom

http://www.twitter.com/grin_com

Universität Hannover
Philosophische Fakultät
Standort Wunstorfer Straße

Tutorium zur Vorlesung „Was ist Erziehung?"

SoSe 2005

Referatsausarbeitung

Symbolischer Interaktionismus (G. H. Mead)

vorgelegt von:
Antje Ruthert

Studiengang: Magister
Fächer: Pädagogik, Sozialpsychologie
Fachsemester: 3 – 6

vorgelegt am:

09.05.2005

Inhaltsverzeichnis

1 Einleitung

Ich möchte mit dieser Ausarbeitung die Theorie- und Forschungstradition des „Symbolischen Interaktionismus" skizzieren, welche bereits zu Beginn des 20. Jahrhunderts entstanden ist und bis heute noch interdisziplinär großen Zuspruch erhält.

Ich beabsichtige das Wechselverhältnis zwischen Individuum und Gesellschaft aufzuzeigen, welches im Prozess der Interaktion mit anderen hergestellt wird und sich immer wieder verändern kann bzw. verändert.

Zunächst werde ich auf die Biographie George Herbert Meads eingehen, der als Begründer dieser Theorie bekannt ist. Des Weiteren werde ich den Hintergrund des Pragmatismus und des Behaviorismus beleuchten, da sich Mead an beiden Theorierichtungen orientierte und sie in einem gewissen Maße weiterführte.

Danach komme ich zum Kern dieser Arbeit, die Aneignung einer Identität im Laufe des Sozialisationsprozesses und der daraus resultierenden Wechselwirkung mit der sozialen Umwelt. Meads Theorie basiert auf dem Symbolsystem Sprache. Durch Interaktion bzw. Kommunikation mit anderen konstruiert sich das Individuum seine Lebenswelt und verfügt in interagierenden Prozessen über diese. Das heißt, soziales Handeln erfolgt im Wesentlichen durch Symbolsysteme. Ich möchte daher den Weg von Zeichen und Symbolen hin zu einer eigenständigen Persönlichkeit umreißen, welche sich seine soziale Welt durch Interaktion über ein gemeinsames Symbolsystem aneignet.

Zum Abschluss dieser Arbeit möchte ich zusammenfassend mein persönliches Fazit einbringen.

2 Symbolischer Interaktionismus

Mit dem Begriff „Symbolischer Interaktionismus" wird eine durch den philosophischen Pragmatismus geprägte Theorie- und Forschungstradition bezeichnet, welche mit Beginn des 20. Jahrhunderts in den USA entstand. Als deren Begründer gilt der US-amerikanische Soziologe, Sozialpsychologe und Philosoph George Herbert Mead (1863-1931). Sein Namensgeber ist jedoch Herbert Blumer (1900-1987), einer der berühmtesten Schüler Meads.

2.1 Biographie George Herbert Mead

Der US-amerikanische Soziologe, Sozialpsychologe und Philosoph George Herbert Mead wurde am 27. Februar 1863 in South Hadley, Massachusetts, geboren.[1] Er wuchs in einem puritanischen Elternhaus auf, welches ihn dazu bewegte, sich 1879 an einem theologischen College einzuschreiben, welches schwerpunktmäßig die Interessen der protestantischen Sozialarbeit verfolgte.[2]

Nach einem erfolglosen Versuch der Tätigkeit als Lehrer auf dem Land, orientierte sich Mead neu. Aufgrund seines großen Interesses für philosophische und psychologische Fragestellungen schrieb er sich 1887 am Department of Philosophy in Harvard ein. Ende 1880 studierte er für kurze Zeit in Deutschland, u. a. in Leipzig, wo er sich mit den Schriften Wilhelm Wundts vertraut machte.[3]

Im Jahre 1894 ging Mead an die Universität von Chicago, wo er bis zu seinem Tod, am 26. April 1931, eine Lehrtätigkeit in Philosophie und Sozialpsychologie ausübte.[4]

2.2 Pragmatismus, Behaviorismus und Chicago Philosophy Club als Hintergrundphilosophie

George Herbert Meads Vorstellungen von menschlicher Sozialisation und Kommunikation sind – in spezifischer und fortentwickelnder Weise – dem Behaviorismus und viel mehr noch dem Pragmatismus verpflichtet.

---

[1] Vgl. http://de.wikipedia.org/wiki/George_Herbert_Mead [07.05.05].
[2] Vgl. Abels 2001, S. 13.
[3] Vgl. ebd., S. 13.
[4] Vgl. ebd., S. 13.

4

Mit Ausgang des 19. Jahrhunderts und Beginn des 20. Jahrhunderts nahm die h-dustrialisierung in den USA ihren Lauf. Es war die Zeit wirtschaftlichen und techni-schen Umschwungs; die zunehmenden Zahlen europäischer Einwanderer brachten einen kulturellen Umbruch und gleichzeitig soziale Probleme mit sich. Als intellektue l-le Antwort auf diese Problematiken entstand die geistige Strömung des Pragmatis-mus, deren Begründer John Dewey, Charles S. Peirce und William James an der Universität von Chicago den „Chicago Philosophy Club" gründeten.[5]

Die philosophische Lehre des Pragmatismus leitet sich vom griechischen Wort „pragmein"[6] ab und betrachtet das Wesen des Menschen in seinem Handeln. Außer-dem wird angenommen, dass Handeln und Denken des Menschen abhängig von Nutzen für dessen Handlungen sind.[7]

Wie bereits erwähnt, fühlte sich Mead auch der Strömung des Behaviorismus ver-pflichtet. Er charakterisierte seine Theorie als Sozialbehaviorismus und wollte damit Ähnlichkeiten und Differenzen zur Theorie des Behaviorismus darstellen. Ausgangspunkt ist der Mensch als biologisches Geschöpf, welches auf seine Umwelt reagiert. Aus diesem Grund legt Mead großen Wert auf die Beobachtung des menschlichen Verhaltens. Im Gegensatz zur Theorie des Behaviorismus, für die Ver-halten das Resultat der Einwirkung äußerer Reize darstellt und geistige Aktivitäten bzw. unbewusste Prozesse außer Acht lässt, interessierte sich Mead vor allem für jene geistigen Prozesse. Er rückte somit das aktiv handelnde Vernunftwesen Mensch in den Vordergrund, während in der Theorie des Behaviorismus das Individuum den Einflüssen seiner Umwelt unterliegt.[8]

Zu seinen Lebzeiten publizierte Mead kein einziges Buch, seine Vorlesungen und Manuskripte wurden nach seinem Tod von seinen Schülern herausgegeben.[9] Es ist Meads Schüler Herbert Blumer, welcher nach dessen Tod die Vorlesung übernahm, zu verdanken, dass Meads Theorie über menschliche Kommunikation im Prozess der Interaktion an Struktur gewann.[10]

In Deutschland wurde der symbolische Interaktionismus erst Mitte der 1960er Jah-re wahrgenommen, oftmals als Gegenüberstellung zur strukturell-funktionalen Theo-

---

[5] Vgl. Abels 2001, S. 14.
[6] Dies bedeutet so viel wie nützlich, handelnd oder praktisch. Vgl. http://de.wikipedia.org/wiki/Pragmatisch [07.05.05]
[7] Vgl. Abels 2001, S. 14.
[8] Vgl. ebd., S. 15 f.
[9] Vgl. ebd., S. 16.
[10] Vgl. ebd., S. 41.

rie Talcott Parsons'.[11] Auf die strukturell- funktionale Theorie Parsons' möchte ich im Rahmen dieser Ausarbeitung jedoch nicht vertiefend eingehen.

2.3 Symbolische Interaktion – Von Zeichen und Gesten zur individuellen Persönlichkeit

Zu den zentralen Grundsätzen des Symbolischen Interaktionismus gehören die Annahmen, dass Menschen auf der Grundlage der Bedeutungen handeln, welche die Dinge für sie haben, dass Bedeutungen sich aus dem Prozess interagierender Individuen ergeben und dass Bedeutungen in interpretativen Prozessen auch verändert werden können.[12] Außerdem wird angenommen, dass Individuum und Gesellschaft in einem wechselseitigen Prozess zueinander stehen. Persönlichkeit kann sich nur in einem sozialen Zusammenhang entwickeln und Gesellschaft ist nur über die Vorstellungen und Wahrnehmungen, welche sich Personen voneinander machen, zugänglich. Diese Wechselwirkung wird durch symbolische Interaktion hergestellt; durch Kommunikation von Gesten und (sprachlichen) Symbolen.[13]

Mead differenziert dabei zwischen Zeichen, Gesten und Symbolen; die einfachsten Zeichen sind hier die Sinnesreize, welche instinktive Reaktionen bei Mensch und Tier gleichermaßen auslösen. Wenn man die Kommunikation zwischen Menschen oder Tieren genauer betrachtet, wird ersichtlich, dass Zeichen, welche durch Verhalten artikuliert werden, eine wesentliche Rolle einnehmen. Mead bezeichnet diese Zeichen als „Gesten" („gesture"). Jene sind charakteristische Reize, die auf ein weiteres Individuum innerhalb einer gesellschaftlichen Handlung einwirken.[14] Somit wird durch diese Gesten ein bestimmter Sinn („meaning") deutlich bzw. der Sinn stellt eine Verbindung zwischen Gesten und Handlungen dar:

„Gesten erfüllen die Funktion, ‚Reaktionen der Anderen hervorzurufen, die selbst wiederum Reize für eine neuerliche Anpassung werden, bis schließlich die endgültige gesellschaftliche Handlung zustande kommt' (Mead)."[15]

---

[11] Vgl. Stimmer 1998, S. 531.
[12] Vgl. Zimmermann 2003, S. 52 f.
[13] Vgl. Hurrelmann 2002, S. 92.
[14] Vgl. Abels 2001, S. 17.
[15] Zit. nach Abels 2001, S. 18.

Im Gegensatz zu den Tieren ist das menschliche Individuum in der Lage, seine Reaktion auf Gesten zu verzögern. Dies resultiert im Prozess des Denkens, wodurch
sich der Mensch im Wesentlichen vom Tier unterscheidet. Der Mensch verallgemei-
nert die Geste, unterzieht sie einer Interpretation und wählt anschließend zwischen
möglichen Reaktionen aus. Eine konkrete Situation wird zunächst generalisiert, danach interpretiert und dadurch zu einem „Symbol" konstruiert:

„Symbole weisen über eine konkrete Situation hinaus und haben einen allgemeinen Sinn."[16]

Wenn Zeichen oder symbolische Gesten für mindestens zwei oder mehrere Individu-
en die gleiche oder sehr ähnliche Bedeutung haben und somit zu Repräsentanten
bestimmter Sinnzusammenhänge werden, kann man von „signifikanten Symbolen"
sprechen.[17] Signifikante Symbole dienen dazu, Handlungen zu antizipieren bzw. aufeinander abzustimmen und ermöglichen, dass Handlungen bezüglich der gemein-
sam unterstellten Bedeutung organisiert werden können. Wenn die Geste oder das
Zeichen zum signifikanten Symbol wird, ist von „Sprache" die Rede. Der Ursprung für
Sprache liegt in der Lautgebärde („vocal gesture"), d. h. Sprache ist die Abfolge dieser vokalen Gesten, welche zu signifikanten Symbolen werden und somit wechselseitig gleich interpretiert werden. Aufgrund der Sprache ist der Mensch in der Lage,
andere Menschen zu verstehen und mit ihnen zu kommunizieren:

„In der Kommunikation zwischen Menschen sind Symbole Stellvertreter für Interpretationsweisen und
Handlungsabsichten."[18]

Damit im Kommunikationsprozess keine widersprüchlichen Interpretationen auftre-
ten, ist die Ausbildung dieser signifikanten Symbole unerlässlich.

Durch jene Symbole kann sich ein Mensch in den Anderen hineinversetzen. „Ego",
also das Ich, kann sich vorstellen wie „alter", das andere Ich, wahrscheinlich reagieren wird und „alter" kann gleichermaßen die Reaktion „egos" vorhersagen. Somit findet ein Prozess der Antizipation der Aktionen und Reaktionen anderer statt. Mead
nennt dies „Rollenübernahme" („taking the role of the other"), d. h. das Individuum ist
fähig von der Position des anderen aus zu denken.[19] Dies schließt natürlich ein, dass

---

[16] Abels 2001, S. 19.
[17] Vgl. Stimmer 1998, S. 531.
[18] Abels 2001, S. 21.
[19] Vgl. Abels 2001, S. 21.

ein Akteur in sich selbst die Perspektiven des jeweils anderen hervorruft und die Akteure sich dadurch wechselseitig verschränken. Aber durch die korrelative Übernahme der Rollen und Perspektiven wird kommunikative Verständigung erst möglich und bildet somit Voraussetzung für gemeinsames Handeln.[20]

Der Prozess der Verständigung findet nicht nur zwischen, sondern auch innerhalb des Individuums statt. Das heißt, auch das einzelne Individuum wird sich seiner eigenen Handlungen bewusst. Erst dieser Prozess macht, so Mead, einen denkenden Menschen aus. Durch dieses Denken artikuliert der Mensch seinen „Geist" („mind"); der Mensch ist somit zur Selbstreflexion und zum Perspektivenwechsel fähig. Durch die Rollenübernahme, welche im Interaktionsprozess vorausgesetzt wird, ergeben sich verschiedene Blickwinkel des Individuums auf sich selbst und auf die anderen, wie beispielsweise die eigene Wahrnehmung des Verhaltens und der Erwartungen von anderen; die Annahmen darüber, wie eigenes Verhalten und eigene Erwartungen von anderen gesehen werden und eigene Selbstwahrnehmung und Annahmen darüber, wie andere sich selbst sehen.[21]

Durch die wechselseitige Rollenübernahme und die daraus resultierenden gemeinsamen Handlungen kommt die eigentliche menschliche Kommunikation zu Stande:

„Die unmittelbare Wirkung dieser Übernahme einer Rolle liegt in der Kontrolle, die der Einzelne über seine eigenen Reaktionen ausüben kann."[22]

Des Weiteren entwickelt der Mensch durch die Rollenübernahme ein Bild von sich selbst („self"); das Individuum wird sich erst seiner eigenen „Identität" bewusst,

„wenn es sich mit den Augen der Anderen sieht."[23]

Erst durch die Bezugnahme auf Andere ist die Entfaltung eines Selbstbewusstseins („self-consciousness") möglich. Das Individuum thematisiert sich durch Selbstreflexion und macht sich somit zum Objekt, um subjektiv begründet handeln zu können. Das heißt, es ist gleichermaßen:

„Subjekt des Handelns als auch sein eigenes Objekt."[24]

---

[20] Vgl. Abels 2001, S. 22.
[21] Vgl. ebd., S. 22 f.
[22] zit. nach Abels 2001, S. 25.
[23] Vgl. ebd., S. 24.

8

Mead differenziert das Selbst außerdem in die Aspekte des „I" und „me". Das „me" kann als soziale Komponente des Individuums verstanden werden, denn es beinhaltet die normativen gesellschaftlichen Haltungen, die im Laufe der Sozialisation in die Persönlichkeitsstruktur einfließen. Das „me" ist somit die Vorstellung dessen, wer das Individuum aus der Sicht der Anderen ist, also das Selbstbild, welches durch Rollenübernahme entsteht.[25]

Das „I" dagegen ist gewissermaßen die psychische Komponente des Selbst. Es ist unbewusst und repräsentiert Triebimpulse, Wünsche und Gefühle, aber birgt auch das Prinzip der Kreativität und Spontaneität des menschlichen Handelns.[26] Zwischen „I" und „me" besteht daher eine Differenz. Das „I" reagiert auf das normative „me" widerspenstig und verändernd, während das „me" versucht das spontane „I" durch soziale Kontrolle im Zaum zu halten. Aus diesem kreativen Dialog entsteht das reflexive Bewusstsein („mind"), dessen Aufgabe es ist, eine dauerhafte Synthese zwischen „I" und „me" herzustellen und somit ein „self", also die Identität eines Menschen zu schaffen. Erst durch das Zusammenspiel der Komponenten „I", „me", „self" und „mind" ist Identität möglich.[27]

„Die Fähigkeit, ‚I' und ‚Me' aufeinander abzustimmen, ist uns nicht als fertiges Verhalten mit in die Wiege gelegt worden, sondern das Ergebnis eines langwierigen Sozialisationsprozesses."[28]

Die Ausbildung der Persönlichkeit wird nach Mead in zwei soziale Phasen unterschieden, welche das Kind im Laufe der Entwicklung erlernt und durch die Integration in sein eigenes Handeln umsetzt: „play" und „game".[29]

Das „play" ist das Spiel des Kindes, in dem es Rollen übernimmt. Im kindlichen Spiel werden die Positionen wichtiger Bezugspersonen, wie beispielsweise die der Eltern, übernommen. Mead bezeichnet diese Bezugspersonen als „signifikante Andere". Das Kind denkt und handelt von deren Standpunkt aus. Durch das Wechselverhältnis zwischen der eigenen Rolle und der der Anderen kommt ein Dialog zu Stande, in dem das Kind fähig wird, sich in die Lage der Anderen und vor allem auch in

4 Abels 2001, S. 25.
25 Vgl. Abels 2001, S. 33.
26 Vgl. ebd., S. 32 f.
27 Vgl. ebd., S. 34.
28 Zimmermann 2003, S. 54.
29 Vgl. Abels 2001, S. 26.

sich selbst hineinzuversetzen. Somit wird ein Perspektivenwechsel möglich und das Kind kann die Handlungen und Erwartungen anderer antizipieren.[30]

Das „play" orientiert sich im Wesentlichen nur an Bezugspersonen im nahen Umfeld, also an vertrauten Personen des Kindes. Außerdem erfolgt dieses kindliche Spiel ohne normative Rahmenstrukturen, d. h. das Kind kann das Spiel jederzeit beenden. Im geregelten Spiel, dem „game", ist diese Freiheit nicht gegeben. Das game ist das Spiel mehrerer Personen mit Wettkampfcharakter. Hier muss sich das Kind zunächst mit einem gemeinsamen Gruppenziel identifizieren und im Gegensatz zum „play" existieren hier weitere Mitspieler sowie feste Regeln. Das heißt, es werden hier nicht die Rollen nacheinander übernommen, sondern das Kind muss im „game" die Rollen aller Beteiligten verinnerlichen und sich das Handeln aller Anderen bewusst machen.[31] Es findet somit eine Orientierung an einem „generalisierten Anderen" statt. Unter dem generalisierten Anderen ist die Summe der Erwartungen aller zu verstehen oder auch:

„die Normen und Werte der Gesellschaft, die in einer bestimmten Situation oder Rolle relevant sind. Die Gesellschaft ist der umfassende generalisierte Andere".[32]

Durch diese Identifikation mit dem verallgemeinerten Anderen überträgt das Individuum die gesellschaftliche Auffassung auf sein Handeln und Denken, bleibt aber dennoch ein eigenständiges Individuum. Somit dient der generalisierte Andere als Grundlage für die Identitätsbildung des einzelnen Individuums.[33] Das heißt:

„Zur Selbstentfaltung des handelnden Individuums bedarf es anderer Menschen und Gruppen und der Gesellschaft, wobei das Verhältnis von Individuum und Gesellschaft bei Mead nicht antagonistisch sondern dialogisch gesehen wird."[34]

Der Mensch wird demnach bei Mead als ein Wesen mit reflexivem Bewusstsein dargestellt. Er ist sowohl individuell als auch ein vergesellschaftes Subjekt, der sich im

---

[30] Vgl. Abels 2001, S. 26 f.
[31] Vgl. ebd., S. 27 f.
[32] Abels 2001, S. 31.
[33] Vgl. ebd., S. 31.
[34] Stimmer 1998, S. 532.

Prozess der Interaktion seine Lebenswelt konstruiert und durch Kommunikation mit Anderen gestaltet.[35]

3 Fazit

Durch die Theorie des symbolischen Interaktionismus wird ersichtlich, wie das einzelne Individuum im Laufe von Sozialisationsprozessen Teil einer Gesellschaft wird. Es verinnerlicht die gesellschaftlichen Normen und Werte durch die Möglichkeit des Perspektivenwechsels und der Selbstreflexion.

Um zwischenmenschliche Handlungen aufeinander abzustimmen und dadurch kooperativ handeln zu können, muss die menschliche Sprache vorausgesetzt werden. Der symbolische Interaktionismus ist somit handlungs- und vor allem sozialisationstheoretisch von großer Bedeutung. Weil das Kind, wenn es das Licht der Welt erblickt zwar biologisch betrachtet „ist", aber aus der Perspektive von Sozialisation betrachtet erst werden muss bzw. wird. Mead verdeutlicht diesen Prozess wiederholt anhand der sozialen Funktion der Sprache. Das soziale Verhalten bzw. die Fähigkeit zum Perspektivenwechsel und zur Selbstreflexion wurde uns nicht in die Wiege gelegt. Das Kind im Säuglingsalter kann zunächst nur auf Gesten und Gebärden naher Bezugspersonen reagieren. Erst mit dem Erlernen der Sprache und vor allem durch das, was Mead als „play" und „game" bezeichnet, wird das Kind fähig sich in die Lage eines anderen hineinzuversetzen. Hier ist meines Erachtens nun die Erziehung gefragt, welche durch entsprechende Institutionen diesen Prozess in Bewegung bringt bzw. bringen sollte, denn ein Ziel der Erziehung ist die Gesellschaftsfähigkeit. Das heißt, Individuen sollen durch meist intentionale Erziehung dazu erzogen werden, durch kooperatives Handeln Teil einer gemeinsamen Gesellschaft zu werden.

---

[35] Vgl. Hurrelmann 2002, S. 93.

4 Literaturverzeichnis

Monographien

Abels, Heinz (2001). Interaktion, Identität, Präsentation. Kleine Einführung in interpretative Theorien der Soziologie (2., überarbeitete Aufl.). Wiesbaden: Westdeutscher Verlag

Hurrelmann, Klaus (2002). Einführung in die Sozialisationstheorie (8. vollständig überarbeitete Aufl.). Weinheim und Basel: Beltz Verlag

Zimmermann, Peter (2003). Grundwissen Sozialisation. Einführung zur Sozialisation im Kindes- und Jugendalter (2., überarbeitete und ergänzte Aufl.). Opladen: Leske und Budrich

Herausgeberwerke

Stimmer, Franz (1998). Stichwort: Theorie der Symbolischen Interaktion (Symbolic Interactionism). In Franz Stimmer (Hrsg.), Lexikon der Sozialpädagogik und der Sozialarbeit (3. Aufl.) (S. 531-534). München und Wien: R. Oldenbourg Verlag

Quellen aus dem Internet

George Herbert Mead. http://de.wikipedia.org/wiki/George_Herbert_Mead [07.05.05]

Pragmatismus. http://de.wikipedia.org/wiki/Pragmatisch [07.05.05]